AF258677

DÉPÔT LÉGAL.
DÉPARTEMENT
N° 9y
1873

COUR D'ASSISES DU [RHONE.

Présidence de M. le conseiller MARTIN.

Audiences des lundi et mardi 23 et 24 décembre 1871.

BIBLIOTHÈQUE NATIONALE
R. F.
IMPRIMÉS.

M. BOUDAREL

Ex-Maire de Saint-Etienne (Loire)

CONTRE

M. PONET

Rédacteur en chef de la *Comédie politique*, à Lyon.

Plaidoirie de Mᵉ BOUCHOT, du barreau de Paris

Défenseur de M. PONET.

TYPOGRAPHIE OBERTHUR ET FILS, A RENNES.

Maison à Paris, rue des Blancs-Manteaux, 35.

—

1873.

Lᵢ b 57
3038

—

Audience du mardi 24 décembre 1872.

—

PLAIDOIRIE DE Me F. BOUCHOT. [1]

MESSIEURS DE LA COUR,

MESSIEURS LES JURÉS,

Il y a un an, la justice était appelée à se prononcer sur un grand et lamentable procès : quarante accusés comparaissaient devant la Cour d'Assises de Riom pour participation à l'assassinat de l'infortuné M. de l'Espée. Tout le monde se rappelle ce drame épouvantable, et cependant, malgré l'horreur du crime, malgré des charges accablantes, vingt accusés étaient acquittés et les autres n'étaient frappés qu'avec une surprenante indulgence. Pourquoi? Parmi d'autres raisons peut-être, il en est une irrécusable, indiscutable. Le jury, Messieurs, ne juge pas qu'avec son esprit, il juge aussi avec son cœur ; ce n'est pas seulement le juge du fait, c'est encore et surtout le juge moral : il pèse toutes les circonstances, il sonde toutes les responsabilités, absentes

---

(1) Toutes les pièces citées soit dans la plaidoirie, soit dans les notes ont été lues à l'audience.

ou présentes, et avant que sa conscience ne soit satisfaite de ce religieux examen, il ne se décide pas à frapper avec la même énergie et la même sévérité. C'est ce qui est arrivé, Messieurs, dans le procès de Riom. Le jury du Puy-de-Dôme a bien compris qu'il n'avait devant lui que des comparses; il s'est demandé où étaient les chefs, et ne pouvant atteindre ceux-là, qui cependant, trois jours après le crime, se promenaient impunément dans les rues de Saint-Etienne, il a cru devoir user de modération et d'indulgence vis-à-vis d'hommes dont la conduite lui paraissait d'autant moins coupable que les plus compromis étaient en fuite ou impunis. Ce n'est pas tout. Vos collègues ont donc scrupuleusement interrogé les responsabilités de chacun ; il leur en est apparu de bien grandes et de bien terribles, et ils ont voulu aussi en faire la part équitable. Cè sont ces responsabilités qu'il s'agit d'examiner aujourd'hui, et sur lesquelles vous êtes appelés à vous prononcer. Je ne suivrai pas Me Andrieux sur le terrain où il a cherché à m'entraîner. Non, ce n'est pas le procès particulier de M. Boudarel contre M. Ponet que vous êtes appelés à juger, c'est l'opinion publique qui vient demander compte, à un haut fonctionnaire, à un maire, de sa conduite pendant les néfastes journées des 24 et 25 mars 1871, à Saint-Etienne. Voilà le procès : il n'est que là! M. Ponet, dans son article du 29 septembre 1872, n'a été qu'un écho, mais il a eu le courage de dire tout haut ce que chacun disait tout bas.

Voici cet article :

(Comédie politique du 29 septembre 1870.)

Le maire Boudarel, un mobilisable non mobilisé, comme tous ces outranciers là, avait pour âme damnée un sieur Rondet. C'était un repris de justice : il en fit d'emblée un inspecteur de police avec appointements supérieurs à ceux du commissaire. Ce Rondet a été condamné, depuis, à 5 ans de prison pour provocation à l'assassinat de M. de l'Espée.

Qu'on rapproche ce fait des suivants:

C'est Rondet qui ménageait les rendez-vous de Boudarel avec le club de la Vierge, ce club qui organisa l'assassinat de l'infortuné préfet.

*C'est Boudarel qui, quelques instants avant cet assassinat, avait intro-
duit auprès de M. de l'Espée les délégués de ce club hideux.*

*C'est Boudarel qui ouvrit les grilles de l'Hôtel-de-Ville à la foule qui
assassina M. de l'Espée.*

Notre conclusion est celle-ci :

*Il y a longtemps que Boudarel aurait dû passer devant le Conseil de
guerre ou la Cour d'assises.*

Avant d'arriver au drame même, Messieurs les Jurés, je vous demande la permission de reprendre aussi rapidement que possible les faits qui ont précédé le 25 mars : c'est là une étude indispensable, quelque douloureuse qu'elle puisse être ; c'est une histoire que nous devons vous faire connaître, car tout s'enchaîne et se suit.

Vous ne vous rappelez que trop dans quelles circonstances a éclaté le 4 septembre. Tout-à-l'heure, Me Andrieux mettait toute son éloquence à flétrir les coups d'Etat : je suis certes bien disposé à m'unir à lui contre toute violation de la loi ; mais à une condition, c'est que son indignation et sa colère seront égales, et qu'il n'aura pas plus de complaisantes indulgences que d'impitoyables sévérités. Si vous flétrissez le 2 décembre, ayez donc la même rigueur pour le 4 septembre ! Quant à moi, s'il faut faire quelque distinction, j'avoue sans embarras que je serai toujours moins dur aux coups d'État qui n'auront pas eu l'étranger pour complice et les malheurs de la patrie pour origine et pour prétexte !

Mais revenons au procès. Vous savez quelles lamentables et inquiétantes surexcitations a répandues dans la France entière cette révolution du 4 septembre ! Ce gouvernement qui partout devait montrer son incapacité et son ignorance n'a eu qu'une habileté (mais elle a été grande !) ; il s'est revêtu d'un nom qui ne permettait pas aux honnêtes gens de le discuter pour le moment ; il n'a pas craint de s'appeler le gouvernement de la défense nationale !

Aussi, légitimistes, orléanistes, bonapartistes, ne songeant qu'aux malheurs du pays et au salut de la France, sont venus sans hésitation se grouper auprès d'hommes que, dans des circonstances ordinaires, ils auraient repoussés ! Mais, hélas ! tout le monde ne pensait pas ainsi : le 4 septembre avait éveillé naturellement chez les complices et les anciens amis de honteuses espérances. Dans ce qu'on est convenu d'appeler les grands centres, à Paris, à Lyon, à Marseille, à Toulouse, à Saint-Etienne, le patriotisme dissimulait mal les aspirations politiques : les conseils municipaux cherchent donc à se donner une importance prédominante, se déclarent permanents, rendent leurs séances publiques ; et trahissant déjà, sous un nom d'apparence calme, la future commune, ils réclament les *libertés municipales*. Tout-à-l'heure, les témoins de M. le Maire de Saint-Etienne cherchaient à vous donner le change en soutenant qu'on ne voulait que de nouvelles élections ! les libertés municipales ! Nous savons aujourd'hui ce que les mots veulent dire : le sens de ces mots a été écrit avec le sang des otages sur les ruines de nos maisons et de nos palais !

Parmi les villes, Messieurs les Jurés, qui devaient se signaler pour la revendication de ces trop fameuses libertés municipales, Saint-Etienne devait naturellement occuper un des premiers rangs et se mettre à la tête de tout mouvement !

Le 31 octobre éclate à Paris, date aussi honteuse que sinistre ! Paris est bloqué, toute communication paraît impossible ; oui, impossible, s'il s'agit de savoir où sont nos armées, où sont nos familles, que deviennent nos espérances ; mais s'agit-il des questions sociales, tout alors est connu et les nouvelles se répandent ! Je sais bien qu'un témoin, M. César Bertholon (1), a dit que le mouvement avait éclaté à Saint-Etienne en même temps qu'à

---

(1) Témoin cité à la requête de M. Boudarel.

Paris *par un effet du hasard*. Est-ce aussi par hasard que M. le préfet Bertholon, au lendemain du 31 octobre, prenait l'arrêté suivant :

RÉPUBLIQUE FRANÇAISE.

Liberté. — Égalité. — Fraternité.

Élections pour la nomination d'une Commune révolutionnaire

Le Préfet de la Loire,
Sur l'invitation du Peuple,
    A décidé :

Que des élections auraient lieu ce soir pour la nomination d'une Commune révolutionnaire.

Les citoyens sont donc invités à se rendre dans leurs cantons respectifs pour nommer les membres de cette Commune, à raison de dix membres par canton.

LIEUX DE VOTE :

Ecole des Frères, place Montaud, pour le canton Nord-Ouest.
Palais-de-Justice, pour le canton Sud-Ouest.
Ecole des Sœurs, rue de la Vierge, pour le canton Sud-Est.
Ecole des Frères, rue des Chappes, pour le canton Nord-Est.
Le scrutin sera ouvert de quatre heures de l'après-midi à sept heures du matin.

Les citoyens qui auraient gardé leurs cartes d'électeurs sont priés de les apporter, ou tout autre preuve d'identité, afin de ne pas retarder les opérations du vote.

La revue de la garde nationale aura lieu demain, à onze heures du matin.

Le Préfet de la Loire,

César BERTHOLON.

En vérité, le hasard est souvent bien habile !

Vous le voyez, Messieurs, voilà le mouvement de la Commune qui se dessine à Saint-Etienne comme à Paris : le mot d'ordre part de la Grande Ville, qui trouvera à Saint-

Etienne, à ce moment comme plus tard, de complaisants et dociles instruments. Le 31 octobre toutefois devait échouer, malgré l'incroyable faiblesse du préfet Bertholon. Par bonheur, il se faisait qu'à cette époque le chef de l'autorité municipale était un homme énergique , M. Tiblier-Verne, républicain convaincu, mais pour qui le mot de république, chose rare, n'était pas synonyme d'anarchie : instruit de la scandaleuse convocation des électeurs par le Préfet, M. Tiblier-Verne réunit (1) aussitôt le conseil municipal, proteste contre cette convocation, et par son attitude courageuse contraint le Préfet à abandonner les élections !

Le danger était donc un moment conjuré ; il n'était, hélas ! qu'ajourné ! Comment aurait-il pu en être autrement ? Les journaux, les clubs faisaient avec pleine impunité entendre le langage le plus odieux, les discours les plus incendiaires ! Un de ces clubs se faisait surtout remarquer par sa violence démagogique, bien qu'on y vît assister plus d'une fois des membres de l'autorité municipale : c'était le club de la Vierge ; son programme est la Commune dans toute l'acception du mot ! A cette anarchie si complaisamment tolérée vint s'ajouter un nouveau malheur : M. Tiblier-Verne, ce courageux adversaire du 31 octobre, succombait, et le 26 décembre 1870, M. Boudarel le remplaçait à la mairie de Saint-Etienne.

M. Boudarel n'était pas un nouveau venu : conseiller municipal depuis le mois d'août 1870, il avait, dès le 4 septembre, pris un rôle considérable au sein du conseil ; c'est lui qui était chargé de l'organisation de la police, et au moment même où l'on allait donner un successeur à M. Tiblier-Verne, il était porte-drapeau dans une légion mobilisée. Ardent partisan de la guerre à outrance, il croit cependant devoir faire taire ses goûts guerriers devant l'intérêt de la

---

(1) Procès-verbal de la séance du 31 octobre 1870.

cité ; il abandonne l'épée pour l'écharpe, et après trois tours de scrutin (1), il se résigne à céder à l'enthousiasme de ses concitoyens ! Au moins veut-il se donner une suprême consolation de ne pas avoir vu l'ennemi, contre lequel il réclame et réclamera une lutte si acharnée ; il fait faire cette photographie (2), dont vous pouvez, Messieurs les Jurés, admirer l'air martial et courageux. Rien ne manque, l'embuscade, le fusil, deux baïonnettes ! C'était là la guerre à outrance de M. Boudarel !

Nous passons et nous arrivons tout de suite, Messieurs les Jurés, au 22 janvier 1871. Encore une date de triste mémoire ! Pendant qu'à Paris les partisans de la Commune tentaient un nouvel effort, il se fondait le jour même, à Saint-Etienne, une société, l'Alliance républicaine : à sa tête, nous trouvons le préfet Bertholon , le maire M. Boudarel, son frère , M. de Rolland , rédacteur en chef de l'*Eclaireur;* et cette société, dont les éléments étaient prêts depuis longtemps, ne tarde pas à compter plus de six cents adhérents.

Quel était le but de cette société? Ah! si nous écoutons les témoins de M. Boudarel, le préfet Bertholon surtout, jamais société politique n'eut d'idées plus sages, de passions plus modérées, de visées plus pacifiques; on voulait (c'est le langage sacramentel) assurer le maintien de la République et déjouer les affreuses intrigues des monarchistes, mais par les moyens légaux : aucune violence, aucun sévice! l'Alliance républicaine était comme le contre-poids du club de la Vierge; c'était, pour employer l'expression d'un témoin, comme une soupape de sûreté.

Certes, Messieurs, si tel avait été l'objet de l'Alliance républicaine, tous les honnêtes gens devraient leur savoir gré d'avoir tenté de lutter, quelque faiblement que ce soit,

---

(1) Procès-verbal de la séance du 26 décembre 1870.

(2) M⁰ Bouchot fait passer la photographie sous les yeux de MM. les Jurés.

contre le courant démagogique. Mais tel n'a pas été son rôle, et ce rôle, dans toute sa vérité, nous allons vous le décrire avec des témoignages irrécusables, avec les documents mêmes que l'Alliance républicaine nous a fournis.

Quels modèles se proposait cette société? Ne demandons pas cela aux chefs, qui, habitués aux artifices de la parole et aux habiletés de la politique, savent donner à tout une physionomie qui peut tromper; mais interrogeons ceux qui ne savent pas orner la vérité, et qui, dans leur naïveté ou leur audace, disent les choses telles qu'elles sont. Or, voici ce que je trouve dans la bouche d'un des affiliés de l'Alliance républicaine (1) :

Pégon, chapelier a Roanne. — L'Alliance républicaine, dit ce témoin, a été fondée à Roanne pour empêcher les royalistes de nous enlever la République et pour neutraliser les mauvaises doctrines des prêtres et des monarchistes qui corrompent le pays. Quant à la clandestinité de la société, elle n'existe pas.

Nous nous sommes toujours réunis au vu et au su de tout le monde. Malheureusement, depuis que M. Ducrot a bien voulu étrangler la société, nous ne nous réunissons plus.

M. le procureur demande au témoin si M. Critot n'a pas été pour se mettre en rapport avec la Commune de Paris.

— Comme la vile multitude, répond le témoin, est toujours méfiante, elle voulut savoir la vérité sur le mouvement qui venait de se produire à Paris. Les uns disaient que c'étaient des bonapartistes, les autres des royalistes qui avaient provoqué le mouvement. Elle envoya alors M. Critot pour qu'il nous éclairât sur ce fait.

Il revint et nous apporta des affiches de la Commune. Il me dit à moi personnellement qu'au comité central il y avait d'honnêtes gens, mais qu'il y avait aussi beaucoup de canailles.

Moi, voyez-vous, M. le Président, j'estime et j'honore Delescluze et Vermorel. C'étaient de très-honnêtes citoyens. Ce sont de vrais martyrs. Je suis heureux de pouvoir le proclamer. C'est mon opinion et je le dis hautement. Je pris donc une affiche aux mains de M. Critot. A la suite de cette affaire, je fus condamné à 100 fr. d'amende. Voilà tout ce que j'avais à dire.

Qu'en pensez-vous, Messieurs? Les modèles sont Delescluze et Vermorel! les noms disent tout, et nous sommes loin du prétendu et doucereux programme de M. le préfet Bertholon!

---

(1) Témoin entendu à Riom dans un procès contre l'Alliance républicaine

Mais Pégon dit-il vrai? — Les statuts de l'Alliance républicaine (1) ont été saisis par l'autorité judiciaire, et ce sont identiquement les mêmes que les statuts de Dijon et de Paris, rédigés sous l'inspiration de Delescluze et de Vermorel; enfin M. de Rolland, l'un des fondateurs de l'Alliance, le rédacteur en chef de l'*Eclaireur*, son organe officiel, ne félicite-t-il pas M. Dorian d'avoir été élu à Paris, le 31 octobre, président du gouvernement de la Commune? (2)

Messieurs, ces idées, ces doctrines, ces patrons, ne sont-ce pas en définitive les idées, les doctrines, les patrons du club de la Vierge?

Peut-être a-t-il pu y avoir dans le principe quelques divergences, bien que nous n'en voyions apparaître la trace nulle part; la seule différence est que, dans le premier moment, l'Alliance montre un peu plus de sens politique et qu'elle sait moins se compromettre. M. de Rolland a dit qu'elle était chancelante, hésitante, soit : mais, à l'époque où nous arrivons, toute hésitation disparaît, et l'union des deux sociétés apparaît aussi manifeste, aussi incontestable que possible. Le club de la Vierge et l'Alliance républicaine se réunissent sous le coup de l'échec qu'elles ont toutes les deux subi lors des élections du 8 février; leur Commune défaite devient leur trait d'union. Dès ce moment les deux sociétés se rapprochent pour combiner tous leurs efforts. Jean-Marie Boudarel, le frère du maire, travaille à cette cohésion; le comité de la Vierge reçoit M. de Rolland; les réunions publiques se multiplient, à mesure que le mouvement de la Commune s'accentue, et enfin, lorsque le 18 mars éclate à Paris, nous voyons aussitôt la fusion s'annoncer ouvertement, officiellement à la salle du Prado. M.

---

(1) Déposition de M. le juge d'instruction Candy, témoin cité à la requête de M. Ponet.

(2) *Eclaireur* du 4 mars 1871.

de Rolland y prononce (1) un discours pour proclamer cette fusion ; on la renouvelle le 22, et le 23 les chefs de l'Alliance donnent l'accolade aux chefs de la Vierge (2). Dans ces réunions, où membres de la Vierge et membres de l'Alliance se donnent ainsi le baiser de paix et d'alliance, quels propos tient-on ? le témoin Perrachon (3) nous disait hier, Messieurs les Jurés :

J'ai assisté à la réunion du Prado le 23 mars ; dans la position où j'étais, je ne pouvais voir les orateurs que je ne connaissais pas, n'habitant que depuis peu de temps Saint-Étienne.

Ils disaient : « Si les généraux Clément Thomas et Lecomte ont été fusillés, ils l'ont bien mérité. Jules Favre et Trochu sont des traîtres qui méritent d'être traînés dans la boue. »

Le président. — N'avez-vous pas entendu dire aussi qu'il tomberait bien d'autres têtes et que si on ne pouvait pas avoir la Commune révolutionnaire, on l'obtiendrait par les armes ?

R. C'est la vérité.

Un délégué de Paris prit la parole, je ne sais si c'était Moncharmont ou Saint-Hilaire.

D. Des individus dirent qu'il fallait appuyer le mouvement de Paris et de Lyon et envoyer de suite des délégués à l'Hôtel-de-Ville, pour s'entendre avec l'autorité et organiser la Commune, et si on ne les recevait pas, qu'il faudrait l'obtenir par les armes.

R. Cela est vrai.

D. Où avez-vous été après votre sortie de la réunion ?

R. J'ai été rendre compte à l'état-major de ce que j'avais entendu. J'en avais été chargé.

Voilà, Messieurs, ce que devient le prétendu programme si calme, si modéré, et exposé ici par M. Bertholon ! M. Perrachon vous ramène à la réalité, et quelle réalité ! mais les actes de l'Alliance en diront plus que les témoins eux-mêmes !

---

(1) M. David (Joseph), témoin entendu dans le procès de Riom, s'exprime ainsi :

J'ai assisté les 17 et 18 mars à la réunion du Prado. M. de Rolland prononça un discours annonçant la fusion entre l'Alliance républicaine et la Commune. Durbize prit la parole et engagea les citoyens à prendre leurs armes et à s'en servir à l'occasion.

(2) Déposition de M. Lafont, témoin cité à la requête de M. Ponet.

(3) Témoin cité à la requête de M. Ponet.

Le 18 mars éclate à Paris ; certes, si l'Alliance est animée de ces pensées d'ordre et de paix dont on nous parlait si complaisamment à l'audience dernière, elle va, dis-je, se ranger du côté du droit, répudier ouvertement l'insurrection et soutenir avec énergie le gouvernement légal. Non ; elle n'agira pas ainsi ! Permettez-moi d'appeler toute votre attention sur ce fait capital, car c'est là la preuve irrécusable que le club de la Vierge et l'Alliance républicaine n'ont à ces dates néfastes qu'un même but, qu'une même pensée, qu'une même aspiration, la Commune ! Eh bien ! Messieurs les Jurés, *le 22 mars l'Alliance républicaine proteste contre Versailles en faveur de Paris !* le procès-verbal a été saisi, et M. le substitut de Lagrevols (1) est venu à cette barre vous faire cette accablante révélation. Voilà l'Alliance républicaine, voilà sa conduite. Avions-nous donc tort de soutenir que nous n'avions pas à distinguer désormais entre ses agissements et ceux du club de la Vierge?

Quelle va être la conduite de M. le Maire de Saint-Etienne en présence de pareils faits, la glorification de l'assassinat et du mouvement de Paris ? Protestera-t-il? Combattra-t-il ces odieuses excitations? Montrera-t-il un moment d'énergie ? Va-t-il donner sa démission de membre de l'Alliance républicaine, tenant au moins à répudier publiquement les idées qu'elle soutient? Non, il reste spectateur impassible, mais non pas insouciant. Vous vous rappelez que M. le Maire, pour justifier cette incroyable inaction, véritable complicité, est venu dire qu'il ne connaissait pas les faits dont nous venons de parler. C'est là une étrange excuse. Nous vous répondrons d'abord que vous deviez les connaître. Comment! vous, chef de l'autorité municipale, maire d'une ville de cent mille âmes, vous ne sauriez pas ce qui se dit, ce qui se passe à des époques comme celles du

---

(1) Témoin cité à la requête de M. Ponet.

18 mars 1871, et dans des clubs tels que ceux de la Vierge!
Mais où donc est votre police? celle que vous avez si mer-
veilleusement organisée et dont vous célébriez jadis avec
orgueil les glorieux éléments (1). Si vous n'avez pas connu
les scènes et les propos du Prado, vous êtes coupable, je le
répète, car un maire, pour peu qu'il ait souci de son mandat, doit savoir ce qui se fait dans sa ville. Mais je vais plus
loin, vous n'avez pas pu ne pas connaître les réunions du

---

(1) Proclamation de M. Boudarel, à propos de l'organisation de la police, après le 4 septembre.

« Citoyens,

» En acceptant, comme adjoint à la Mairie, la tâche pénible de réorga-
niser la police municipale, je n'ai obéi qu'à un seul sentiment : mon devoir de républicain; je n'ai eu qu'un seul but : le bien-être de notre ville,
celui de notre pays.

» Honteusement courbée sous un joug despotique, cette institution né-
cessaire était devenue pour tout le monde un objet de répulsion ; d'agents
destinés à traquer les voleurs et les pillards de toutes sortes, le gouvernement de Bonaparte avait fait des sbires politiques.

» Il était temps que la République vînt y porter remède et rendre à ce
corps le respect dû à l'honnêteté. Il faut qu'en France, comme dans les
pays libres, le citoyen qui a pour mission de prévenir le désordre soit
l'ami de la population, et que celle-ci lui prête son concours dans toutes
les circonstances.

» J'ai le ferme espoir qu'il en sera ainsi à Saint-Etienne, où l'ordre ne
fut jamais troublé que par des coquins et des gens sans aveu, prenant
leur mot de ralliement dans je ne sais quelle secrète officine.

» Citoyens,

» Aide, concours, appui aux hommes qui vont avoir pour mission de
protéger vos personnes, de châtier sévèrement les fauteurs de troubles, les
colporteurs de fausses nouvelles; aide à eux, dis-je, et le calme à Saint-
Etienne est assuré.

» Le nom de *garde communale* remplace celui de police municipale; le
commissariat central est aboli; la direction supérieure et le contrôle
restent *aux mains du Maire* ou de son adjoint.

» *L'adjoint délégué :*
» Signé : P. BOUDAREL. »

Prado et les propos qui s'y tenaient : votre frère est le président de l'Alliance républicaine, et il ne vous a pas dit un mot de ce qui s'y décide ! Qui le croira jamais? Toute la journée du 23, vous l'avez reconnu vous-même, vous avez reçu des délégués qui venaient vous demander de nouvelles élections; en outre, dès le 23 au soir, M. de Rolland annonçait au club de la Vierge que le conseil municipal donnait sa démission, et M. Travers, conseiller municipal, a fait la même déclaration. Enfin, c'est Chauvet, votre commissaire central, un de ces policiers merveilleux que vous avez découverts, celui qui déchire, vous le sachant, les procès-verbaux compromettants et dont M. l'avocat général flétrissait hier si énergiquement l'inqualifiable conduite; c'est Chauvet, dis-je, qui a fait louer, le 23, la salle du Prado, et vous prétendez n'avoir rien su de ce qui se passait ! Non, ce n'est pas possible. Ecoutez enfin ce que dit le témoin Sabatier (1). Le 24 mars il rencontrait un sieur Sirdey, encore une de vos créatures, le directeur de la cartoucherie municipale (aujourd'hui il a cru prudent de passer la frontière) — : Où vas-tu donc, lui dit Sirdey? — Afficher cette proclamation, répond Sabatier, et Sirdey de répliquer : — « Ah ! c'est trop tard, tout est inutile : hier nous nous sommes entendus avec l'Alliance. *M. le Maire y était*, tout est arrangé. » Sabatier crut devoir ajouter : « mais on attend M. le Préfet. » — « Oh ! riposta Sirdey, s'il savait la réception qui l'attend, il ne viendrait pas. »

M. Boudarel osera-t-il maintenant affirmer qu'il ne savait pas ce qu'il en était et arguer encore de son ignorance des séances et des scandales du Prado? Mais en dehors même de tout ce que nous venons de rapporter, examinons sa conduite; ce sera le plus accablant des témoignages. Ce sont les faits qui louent, mais ce sont eux aussi

---

(1) Témoin cité à la requête de M. Ponet.

qui condamnent ! Si le maire est vraiment l'adversaire des hommes du club de la Vierge et des doctrines qu'on y expose, des aspirations qu'on y affiche, il ne va rien céder ; il s'opposera à ces prétentions insensées , il essaiera tout pour ruiner ou du moins ajourner de criminels desseins. Eh bien! que fait-il ? Le 23, à cette navrante séance du Prado, on a nommé des délégués pour obtenir de l'autorité municipale de nouvelles élections ; ces délégués vont trouver M. le Maire, et lui, sans aucune résistance, communique *le vendredi 24,* dès le matin, la demande des délégués au conseil municipal ; aussitôt 25 membres, les plus violents d'opinion, se retirent, *le maire en tête;* on laisse le champ libre à l'émeute ! Rappelez-vous, Messieurs, comment se conduisait M. Tiblier— Verne le 31 octobre, et voyez comment se conduit M. Boudarel le 22 mars ; comparez. Quel contraste ! Lui était-il permis cependant d'avoir la moindre illusion sur ce qu'on entendait par de nouvelles élections? Non ! Il savait mieux que personne que c'était la commune que l'on voulait, et il le savait depuis longtemps : déjà, le 4 février 1871, il avait donné avec la même complaisance sa démission au club de la Vierge (1) et dans quelles conditions !

---

(1) **Extrait du journal l'*Éclaireur* du 4 février 1871.**

Les faits qui ont marqué la journée d'hier à Saint-Étienne ayant été racontés de toutes sortes de manières, il est de mon devoir de les rétablir dans leur exacte vérité :

Un agent de la garde communale, accusé d'avoir arraché les affiches apposées le matin sur les murs, était conduit au comité de la Vierge par un groupe de citoyens exaspérés.

Craignant un accident, je me transporte de suite au siége de ce comité. Cinq à six cents citoyens y étaient réunis ; diverses explications s'échangeaient entre eux, l'agent et moi-même, *lorsque je vis arriver M. le Préfet et M. le Procureur de la République. A ce moment, de tous côtés, les assistants demandèrent la commune.*

A cette question de M. Berthólon : « Qu'entendez-vous par la commune ? »

Ainsi, remarquez bien, Messieurs les Jurés, que le vendredi 24, dès le matin, M. le Maire, loin de résister aux prétentions des délégués, et quels délégués! communique avec empressement cette demande de nouvelles élections au conseil municipal; vingt-cinq membres aussitôt se retirent, M. le Maire en tête. Bien plus craignant, sans doute, d'être trouvé trop lent à satisfaire les passions de la populace, en même temps qu'il fait afficher dans toute la ville la résolution prise le matin par le conseil, M. Boudarel envoie auprès

---

Il fut répondu : « Nous voulons remplacer le conseil municipal nommé sous l'Empire. »

— « Vous n'avez pas le droit d'imposer vos candidats à la commune, dit le Préfet; ce sont donc de nouvelles élections que vous voulez? »

— « Oui.

— « *Je n'y vois pas d'inconvénient, dit le Préfet; seulement, n'ayant pas le droit de dissoudre un conseil municipal nommé par le suffrage universel, il faudrait qu'il consentît à se retirer pour procéder à de nouvelles élections.* »

La question fut mise aux voix; le renouvellement fut accepté par tous les assistants, moins deux. C'est alors que j'ai demandé la parole, et voici à peu près, sinon le texte, du moins le sens de ce que j'ai dû dire :

« Vous voulez de nouvelles élections municipales; *personnellement je n'y fais point d'opposition. Je suis prêt à me retirer; je crois que beaucoup de mes collègues en feront autant; seulement je ne peux engager que moi-même. Je vous promets de réunir au plus tôt le conseil, de lui faire part de votre demande et de vous transmettre sa décision.* »

On nous a demandé alors de signer le procès-verbal de la séance, ce à quoi nous n'avons vu aucun inconvénient.

Voici sa teneur :

« *Dans une réunion où les quatre cantons de Saint-Étienne étaient représentés par des délégués, le Préfet et le Maire ont consenti à de nouvelles élections, si le conseil actuel consent à se démettre de son mandat.* »

Voilà les faits.

Comme on le voit, ils démentent les bruits de violence qui ont couru la ville et fait croire un instant que le Maire et le Préfet avaient cédé à une pression quelconque.

Le Maire de Saint-Étienne,

P. BOUDAREL.

des délégués son homme de confiance, un sieur Rondet, ancien condamné à 7 mois de prison pour les troubles de la Ricamarie, de qui, au 4 septembre, il s'est empressé de faire un inspecteur de police à 2,500 fr. de traitement et qui depuis a été condamné à 5 ans de prison pour participation à l'assassinat de M. de l'Espée. M. le Maire comprenant toute la gravité de cette mission de Rondet auprès des délégués, a essayé de la nier en soutenant qu'il n'avait envoyé cet homme que pour voir ce qui se passait au club de la Vierge ; mais cette nouvelle excuse a encore été formellement contredite par Rondet lui-même (1), qui a déclaré de la façon la plus formelle que M. Boudarel l'avait chargé d'aller trouver les délégués et de les mander à trois heures et demie ; qu'en tout cas, il ne pouvait pas avoir été envoyé pour voir ce qui avait lieu au club de la Vierge, car à cette heure là il n'y avait pas de séance.

Quoi qu'il en soit, les délégués revenaient à la mairie à trois heures et demie et le maire les accueillait avec la même bienveillance et la même courtoisie, leur confirmait la nouvelle de la résolution prise par le conseil et les engageait à attendre la décision de Versailles. Singulière et coupable imprudence, Messieurs les Jurés, que de montrer à un pareil moment que l'obstacle aux élections ne pouvait provenir que du Gouvernement ! N'était-ce pas désigner d'avance au mécontentement, à la colère de l'insurrection, celui-là qui dans quelques heures allait arriver, représentant ce Gouvernement même ?

Nous touchons maintenant, Messieurs les Jurés, aux faits les plus graves. Nous avons assisté jusqu'à présent aux préludes du drame, nous allons en voir désormais le développement, puis la fin sanglante. Le rôle du chef de l'autorité municipale ne changera pas dans cette seconde période, il

____

(1) Interrogatoire de Rondet au procès de Riom.

ne tentera pas plus d'empêcher le dénouement de l'horrible catastrophe qu'il n'en combattit les premiers symptômes. Nous retrouverons toujours et partout son injustifiable inaction.

Dès sept heures du soir, le vendredi 24, les présages les plus inquiétants se manifestent ; des compagnies de gardes nationaux, animées du plus mauvais esprit, arrivent à l'Hôtel-de-Ville aux cris de « vive la Commune ; » ce sont les compagnies Arneaud et Mouchet ; mais M. le colonel Lagrive (1), par son énergie, sait contenir la turbulence de ces hommes et reste avec eux dans l'Hôtel-de-Ville, dont il fait fermer toutes les portes. Le danger pour un moment était écarté. Mais voilà qu'à dix heures M. le Maire arrive avec des délégués ; laissons parler M. Lagrive (2) :

Vers les dix heures, je fus prévenu que M. le Maire et deux conseillers municipaux me demandaient à la grille ; je m'y rendis immédiatement, avec un officier et plusieurs gardes nationaux qui me parurent plus calmes que les autres. Je fis observer au Maire la difficulté qu'il y avait d'ouvrir la porte sans que la foule, qui était derrière lui, ne se précipitât avec lui ; je le priai alors de s'avancer jusque contre la porte même qui ne serait qu'entrebaillée pour lui livrer passage ; mais il me dit alors qu'il était accompagné de onze délégués de la Commune ; je vis, en effet, plusieurs personnes autour du maire et, m'adressant à l'une d'elles, je lui dis : Si vous êtes des délégués, donnez-moi votre parole que ces onze personnes seulement entreront, sinon je ne vous ouvre pas la porte Je n'eus même pas fait ouvrir à M. le Maire. Alors Durbize me donna cette parole, fit l'appel de ses dix collègues, qui répondirent présent, et il passa le dernier ; la porte fut ensuite refermée à clef. J'offris au maire et aux délégués qu'il amenait le bureau de la garde nationale et ils s'y rendirent.

Ainsi les délégués de la Commune sont introduits dans la mairie, à dix heures du soir, à un moment où tout le monde voit l'effervescence croître et le danger grandir

---

(1) Témoin cité à la requête de M. Boudarel. M. Lagrive était commandant en chef des gardes nationales de Saint-Etienne et ancien capitaine d'artillerie.

(2) Déposition de M. Lagrive dans l'instruction du procès de Riom, 6 avril 1871, et confirmée par lui à l'audience.

à chaque minute ! Et par qui sont-ils introduits ? Par le maire. Or, ce sont ces mêmes hommes qui le lendemain envahiront l'Hôtel-de-Ville et assassineront M. de l'Espée ! Où donc M. le Maire avait-il rencontré ces délégués ? Pourquoi les introduit-il, et cela au moment où M. de l'Espée vient d'arriver ?

Et que viennent faire ces délégués ? ils demandent le préfet ; M. de l'Espée refuse de les recevoir, et c'est M. Morellet, l'ancien secrétaire général de M. Bertholon, qui les reçoit. On discute, j'allais dire, on cause sur l'établissement de la Commune ; enfin, après une heure d'entretien, M. Morellet se retire librement. Pendant ce temps, où est le maire ? Va-t-il voir le préfet qui vient d'arriver, et le prévenir de l'état des esprits, de la situation de la ville ? Non. Il préfère rester avec ceux dont il s'est fait l'introducteur, dont il connaît les projets et le mandat, et il ne va pas faire connaître ces projets et ce mandat au représentant du gouvernement légal. Voilà ce qu'il fait !

Mais tout d'un coup la scène change ! Le colonel Lagrive se trouve subitement arrêté vers minuit, puis successivement le maire, l'adjoint Meunier ; des commandants de la garde nationale sont, paraît-il, retenus prisonniers ; les délégués rédigent alors leur programme, demandent qu'on batte le rappel à 5 heures du matin ; refus énergique, prétend-on, de la part du maire ; puis à sept heures, par un coup de baguette magique, tout le monde reprend sa liberté !

Qu'est-ce que cette détention ? M. Boudarel a cherché à établir que dans cette nuit du 24 au 25 il avait été prisonnier de l'émeute et qu'il s'était conduit en héros. Un témoin, M. de Ventavon (1), a jugé la chose autrement ; il a appelé cette prétendue détention une comédie ; le mot est vrai, et nous allons le prouver !

---

(1) Témoin cité à la requête de M. Ponet.

Qui donc, en effet, a introduit les délégués? le maire. Quelles raisons pour le détenir prisonnier? Il ne refusait rien. Il avait déjà promis deux fois la commune, le 4 février et le matin même, en accordant de nouvelles élections; l'on ne pouvait certes douter de son adhésion. Si cette détention est réelle et le danger véritable, comment expliquer l'inaction de tous les collègues du conseil municipal et des affiliés de l'Alliance, réunis à deux pas de l'Hôtel-de-Ville, au café Pammartin? Quoique connaissant bien ce qui se passe dans l'intérieur de la mairie, votre frère, M. Boudarel, votre commissaire central, l'adjoint Charbogne, etc., etc., restent spectateurs impassibles! Comment admettre pareille chose? Comment expliquer aussi que les prétendus prisonniers puissent aller et venir, et cela avec une telle facilité qu'ils vont à ce café Pammartin voir leurs coreligionnaires; y boire de la bière (1) et manger du saucisson? Comment se fait-il, enfin, que pas un de vos témoins n'ait pu dire de qui il était prisonnier et que l'un d'eux, au contraire, déclare naïvement « je ne sais pas qui gardait l'autre (2).» Il y avait bien des séquestrants, comme le faisait spirituellement remarquer M. le Président, mais pas de séquestrés; enfin M. Lagrive n'a-t-il pas dit hier que le moindre effort aurait suffi pour forcer cette prétendue prison? N'a-t-il pas ajouté que des prisonniers tels que le capitaine Crozat et le commandant Michel Berton étaient sortis à plusieurs reprises? Ce n'est pas tout : il y a votre propre aveu; vous avez écrit vous-même dans votre délibération du 25 mars 1871 que vous vous étiez constitué prisonnier. Enfin M. le commissaire de police Reizenthaler n'a eu qu'à montrer son écharpe pour passer librement. Que n'en avez-vous fait autant?

Voilà votre détention; vous avez cherché à vous en faire

---

(1) Déposition de M. Candy, juge d'instruction à Saint-Etienne.
(2) M. Meunier, témoin cité à la requête de M. Boudarel.

un titre de gloire; prenez garde, c'est imprudent, car si vous voulez vous faire passer pour un héros dans la nuit du 24 au 25, si vous avez réellement couru les dangers que vous racontez, vous n'en êtes encore que plus coupable de vous être conduit le lendemain comme vous l'avez fait, et votre prétendue bravoure du 24 ne fait que plus cruellement ressortir votre lamentable désertion du 25. Mais non! vous n'avez pas couru ce danger, vous n'avez pas supporté ces menaces; vous avez été un prisonnier volontaire, et vous êtes sorti dès que vous l'avez voulu. Une seule chose reste, hélas! de cette nuit, c'est votre nouvel engagement de consulter la population par un plébiscite sur la commune.

Nous sommes au samedi matin :

Il est sept heures, Messieurs les Jurés, et le maire vient de recouvrer sa liberté. S'il n'est pas le complice de ses prétendus geôliers, s'il est au contraire leur victime malheureuse, quel sera son premier soin? Quel sera son premier devoir dès qu'il est libre? Prévenir le préfet, lui donner immédiatement avis de la promesse qu'il vient de faire, lui indiquer l'état des esprits, prendre ou au moins lui faire prendre des mesures énergiques. Non! non! le maire ne fait rien; il ne voit pas le préfet, qui est à deux pas de lui, et qui vient d'arriver de chez M. le général Lavoye, où il a passé la nuit. Pendant toute cette affreuse journée du 25 mars, vous agirez de même; vous ne viendrez pas une seule fois auprès de cet infortuné fonctionnaire, lui apporter une parole d'espérance ou de consolation. Oui, votre inaction, c'est là votre complicité; nous allons vous suivre heure par heure, minute par minute, et vos actes parleront plus haut que toutes les paroles et que tous les témoins.

Dès huit heures du matin, au moment même où le préfet arrive à la préfecture, que faites-vous? Vous ordonnez à votre agent Chauvet d'enlever la caisse du bureau de police. Voilà votre confiance! Et pendant que vous laissez le préfet seul, vous réunissez en toute hâte le conseil municipal pour le consulter sur la promesse que vous avez donnée dans la nuit, le plébiscite sur la Commune ! et ne daignant pas aller vous-même auprès de M. de l'Espée, vous lui déléguez trois conseillers municipaux pour lui demander son avis sur ce plébiscite. Le préfet se rend alors au sein du conseil et refuse son adhésion à une proposition qu'on aurait dû au moins avoir la pudeur de ne point lui faire ; dans cette entrevue, vous répondez de l'ordre à ce malheureux fonctionnaire, et votre unique intervention consistera à obtenir de lui la promesse qu'il ne se servirait pas de la troupe. Voilà votre seule démarche auprès de M. de l'Espée et tout le monde en connaît les conséquences.

Pour oser demander le retrait des troupes, que faisait donc le maire de Saint-Etienne? Écoutez, Messieurs les Jurés, et jugez ! Dès dix heures du matin, il ordonnait d'enlever les armes de la police et la licenciait. Qui le croirait? Comprenant encore toute la gravité de ce fait, M. Boudarel, comme pour tous les autres, le nie et prétend que ce désarmement a eu lieu par ordre du préfet. Mais vous avez entendu M. Candy, le juge d'instruction, qui est venu affirmer que Chauvet, le fameux commissaire central des procès-verbaux, lui avait déclaré que le désarmement avait eu lieu par ordre de M. le Maire. Il y a mieux, voici les rapports de police :

Rapport du 23 mars.

A partir de midi, tenue bourgeoise pour tout le monde.

Rapport du 24 mars.

Même tenue qu'hier.

Rapport du 25 mars.

MM. les Commissaires d'arrondissement sont priés de prescrire à

*lous leurs agents l'étude du télégraphe et de recommander surtout,
lorsque le central parle, de laisser achever la phrase au lieu d'inter-
rompre.*

Même tenue que les jours précédents.

*Il est recommandé spécialement à toute la garde de redoubler, si
faire se peut, de politesse vis-à-vis de la population et d'agir avec beaucoup de douceur au cas échéant.*

Prétendra-t-on encore que c'est M. de l'Espée qui a licencié la police ? Dès le 23, elle l'était en fait par de telles instructions, et le 23, M. de l'Espée n'était pas encore à Saint-Étienne. C'est donc bien le maire qui a désarmé la police, en confirmant le 25, et dans quel style ! les ordres du 23 et du 24 ! Voilà les précautions que l'autorité municipale prenait en faveur du préfet, au moment même où elle lui répondait de l'ordre et qu'elle savait que la garde nationale comptait 90 0/0 de communards. (C'est M. Lagrive qui vous l'a dit.) Cependant le préfet, esclave de sa parole, allait faire retirer les troupes qui, à midi moins un quart, venaient se grouper sur la place. Et nous voyons le maire ne pas manquer de lui rappeler son imprudente promesse dans cette incroyable lettre :

« Monsieur le Préfet,

*» Vous venez de déclarer au conseil municipal qu'il ne serait fait
aucun déploiement de troupes régulières ; je vois avec regret arriver de
l'infanterie ; elle ne peut qu'indisposer la population et amener un conflit ; on serait bien à temps de l'appeler s'il y avait urgence. Veuillez, je
vous prie, prendre en considération cette observation et y faire droit.
C'est le vœu de tous mes collègues.*

» J'ai l'honneur de vous saluer. »

M. Boudarel a encore essayé de décliner cette nouvelle et écrasante responsabilité en la faisant partager au conseil municipal tout entier. Je n'ai pas besoin de vous rappeler, Messieurs, avec quelle énergie l'honorable M. Faure-Belon (1) a protesté contre cette allégation ; c'est au Maire

---

(1) Témoin cité à la requête de M. Ponet.

seul à qui doit incomber la responsabilité de cet acte inqualifiable !

M. de l'Espée a donc renvoyé les troupes ; il est midi et demi, et M. le Maire reçoit une nouvelle délégation : cette fois, elle est composée de gardes nationaux demandant que tous leurs collègues soient consultés par oui ou par non sur l'installation de la commune. Le maire promet naturellement de prendre l'avis du conseil municipal et il ne prévient pas plus le préfet qu'il ne l'a fait précédemment.

Que va-t-il alors se passer ? Voici le récit de M. Boudarel :

Délibération du 25 mars 1871.

A midi et demi, une délégation d'officiers et de sous-officiers de la garde nationale se présente pour voir le maire.

Ils demandent que les gardes nationaux soient consultés par oui ou non sur l'installation de la commune. Le maire, tout en faisant observer que la concession de ce vote plébiscitaire est tout-à-fait en dehors des attributions du conseil, leur promet néanmoins que la demande lui sera soumise. Il les congédie en faisant un appel pressant aux sentiments de concorde, et leur recommande le maintien de l'ordre comme une nécessité absolue du moment.

Appelé à délibérer sur cette proposition, le conseil croit qu'au point où en sont les choses, une concession de cette nature pourrait calmer les esprits.

Quelques membres proposent de publier l'adresse suivante :

« Citoyens,

» Gardes nationaux,

» Tandis que quelques personnes s'obstinent à voir dans les conseil-
» lers municipaux les ennemis directs de la République, d'autres, au
» contraire , nous présentent comme les instigateurs cachés du
» mouvement.

» Notre dignité ne veut ni défense, ni excuse.

» Nous sommes, nous ne voulons être en ce moment que les repré-
» sentants les plus autorisés, encore à l'heure où nous écrivons, des
» tendances de la population.

» Nous gardons cette conviction tant qu'un vote régulier, sincère
» ne nous aura pas désigné de successeurs plus accrédités que nous
» ne pourrions l'être.

» Nous sommes encore, nous voulons rester, pour quelques heures,
» l'intermédiaire naturel obligé entre les demandes des citoyens de
» cette ville et ceux auxquels on les adresse.

» C'est pour éviter un conflit sans issue, pour empêcher un choc
» qui exclurait toute solution que nous invitons chaque compagnie de
» la garde nationale à désigner deux délégués qui s'entendront avec

« *l'autorité et chercheront, avec elle, la solution désirée. Ils la trans-*
» *mettront à leurs commandants.* »

*Cette adresse est accueillie avec faveur par une grande majorité;
mais le conseil s'arrête devant cette observation présentée par quelques
membres qui rentrent en séance, observation confirmée par le colonel
Lagrive, que le moyen proposé, ce plébiscite restreint, n'a pu trouver
l'agrément du préfet, lequel l'a très-formellement repoussé quand on
le lui a proposé.*

*Les auteurs de l'adresse proposent alors de modifier, en substituant
au dernier paragraphe celui-ci :*

« *C'est pour éviter..... etc., que nous supplions nos concitoyens de*
» *s'abstenir de toute démonstration tumultueuse ou armée, de présenter,*
» *par délégations peu nombreuses et spécialement autorisées, les de-*
» *mandes et les griefs qu'il est impossible de formuler nettement de*
» *toute autre façon.* »

*Cette rédaction semble devoir être admise par le conseil qui y voit
un appel pressant au calme.*

*Il décide que, pendant qu'on essaiera d'apaiser ainsi la population,
on demandera au préfet d'indiquer une date aussi prochaine que possible pour les élections.*

*Pendant ces pourparlers, la séance, reprise à quatre heures et demie,
est brusquement interrompue par l'envahissement de l'Hôtel-de-Ville.*

Telle est, Messieurs, la version du maire ; son rôle serait des plus honorables et digne de ces anciens Romains qui
restaient sur leurs chaises curules attendant fièrement
l'ennemi ; malheureusement les témoins les plus considé-
rables (1) viennent à l'envi renverser ce récit pathétique et
dévoiler les faits dans leur triste réalité.

Oui, tous ces témoins vous ont déclaré qu'au moment de
l'envahissement de l'Hôtel-de-Ville, « il n'y avait pas trace
du conseil; » ce sont les propres expressions de M. Candy, et
M. Lagrive a ajouté (2) que dès une heure de l'après-midi,
le maire avait quitté l'Hôtel-de-Ville pour ne plus y repa-
raître. Quelle fuite, Messieurs, et à quel moment ! Depuis dix
heures, toutes les compagnies insurrectionnelles se massent

---

(1) **MM.** Lagrive, commandant en chef de la garde nationale. — Brière,
directeur des postes à Saint-Etienne. — Courbon, avocat. — De Lagrevols, substitut au tribunal de Saint-Etienne. — Candy, juge d'instruction.
— Lafont, industriel. — Témoins cités à la requête de **M.** Ponet.

(2) Sa déposition dans l'instruction du procès de Riom, 11 avril 1871,
confirmée à l'audience.

sur la place aux cris de « Vive la Commune ! » : quelques-
unes ont même arboré le drapeau rouge ; les gardes nationaux chargent ostensiblement leurs armes, et c'est l'instant que choisit M. le Maire pour abandonner son poste,
sans même prévenir encore M. de l'Espée qu'il laisse à la
merci de l'émeute. Il était fatigué, souffrant, dit-il : eh
bien ! il devait surmonter sa fatigue et sa souffrance : il est
des circonstances où l'on n'a pas le droit d'être malade.

Il n'a même pas le courage d'attendre le retour de cette
délégation de gardes nationaux à laquelle il a donné rendez-
vous à quatre heures ; il laisse à M. Lagrive le soin de la
recevoir.

Mais au moins, puisque M. Boudarel est parti, il a dû laisser derrière lui des ordres précis et des hommes de confiance ! Ecoutons M. Brière (1) :

*« Vers trois heures, après avoir fait une demi-heure de faction sur
les marches, je descendis sur le trottoir, où je rencontrai, causant
ensemble, M. le Procureur de la République et M. le Commissaire central ; M. Abrial me montra la dépêche qui annonçait que tout était
fini à Lyon, et m'exprima tout son violent mécontentement de ne pouvoir pas agir et de ne trouver aucun appui nulle part pour agir,
d'autant plus que chacun de ceux qu'il rencontrait paraissait le rendre
responsable du développement de la situation. M. le Commissaire central, auquel j'adressai la parole également, me répondit à peu près
textuellement ceci :* « Oh! ce n'est rien encore ; la nuit sera terrible
et vous n'êtes pas au bout de vos peines. » *Ce vous me frappa, et
quelques minutes après, voyant la porte du poste de la garde communale fermée, je m'enquis auprès d'un agent que je connais et qui était
habillé en bourgeois du concours que la police devait ou pouvait nous
prêter. Il me répondit que depuis deux jours la garde communale
ne portait plus que des habits civils et que le matin elle avait été
congédiée ; autant que je puis me rappeler, c'est l'heure de dix heures
qu'il me désigna. Je revins à mon poste, vers quatre heures 1/2, alors
que depuis longtemps et ostensiblement sur toute la place, les armes
étaient chargées aux cris de :* Vive la Commune! *Nous demeurions
sans cartouches, malgré toutes nos réclamations. Notre capitaine nous
fit connaître à plusieurs reprises que si la situation s'aggravait, il
nous en serait distribué ; que nous nous replierions derrière les grilles
qui seraient immédiatement fermées, et qu'aux premiers coups de feu qui
viendraient à être tirés du côté de la place, le général viendrait avec ses
troupes. A la même heure, une délégation des compagnies station-*

---

(1) Sa déposition dans le procès de Riom, confirmée par lui à l'audience-

nant sur la place se présenta, annonçant qu'elle venait conférer avec le maire, ainsi qu'il en était convenu avec lui. Cette délégation avait franchi sans obstacle la compagnie des sapeurs-pompiers placée sur les marches.

Quelques gardes de ma compagnie voulurent s'opposer à son entrée dans le palais municipal ; parmi ces gardes, je peux citer M. Salanon ; mais M. Pascal, adjoint, invita le capitaine Guichard à laisser passer cette délégation qu'il conduisit du côté de la salle des délibérations, où le conseil municipal était en permanence, disait-on. Au nombre de ces délégués se trouvait un capitaine de la garde nationale en état d'ivresse et que l'on me désigna pour être le capitaine Blanc-Bonnet. Cet officier et plusieurs autres délégués restèrent sur le péristyle et s'informèrent tout particulièrement si nous avions des cartouches. M. Pascal répondit que nous n'en avions pas, et je crois pouvoir affirmer qu'il ajouta : Que nous n'en aurions pas, et pour confirmer l'absence de nos moyens de défense, il fit remarquer aux délégués plusieurs gardes nationaux qui s'amusaient ingénûment à faire retentir leurs baguettes dans les canons vides des fusils. M. Huvey signala en ce moment à M. Pascal les dangers de notre situation et lui fit remarquer une compagnie qui venait d'arriver aux cris de : Vive la Commune ! et qui chargeait ses armes sur le trottoir au bas des marches de l'Hôtel-de-Ville ; c'est cette compagnie qui devait, quelques instants plus tard, aller chercher les ouvriers à la manufacture.

A l'observation de M. Huvey, M. Pascal répondit : « Vous croyez, je vais aller voir cela. » Il descendit, en effet, les marches et ne revint plus. Pendant ce temps, les délégués étaient entrés au conseil municipal. Mais quand ils en sortirent, les uns voulaient monter chez le préfet et les autres s'en retourner sur la place pour prendre de nouvelles instructions. Ils se plaignaient de n'avoir pas trouvé le maire, bien que celui-ci leur eût donné rendez-vous, disaient-ils, et l'un d'eux, grand jeune homme bien vêtu, de 20 à 25 ans, portant un veston de couleur marron, chapeau de feutre, moustaches fines, dit même assez haut pour être entendu de plusieurs : « Qu'est-ce que c'est que ce jean-foutre de Boudarel ; il nous manque de parole et voici la seconde fois qu'il se dit malade. »

M. Charbogne, adjoint, vint vers ce moment au milieu de nous, et l'absence des cartouches lui fut encore signalée ; il ne répondit pas, haussa les épaules et rentra dans l'intérieur. Quelques minutes après, arrivaient la compagnie dont il est question plus haut, avec les ouvriers de la manufacture. En tête se trouvait un homme à chemise rouge, et auprès de lui, un autre individu portant un drapeau rouge. L'ordre de rentrer à l'Hôtel-de-Ville nous fut donné à l'instant même, ainsi qu'aux pompiers. Au même instant, les premiers coups de fusil étaient tirés en nombre considérable.

J'entrai par la grille côté ouest et je fus, avec quelques gardes, séparé de ma compagnie qui entra par la porte du milieu. Je voulus la rejoindre, mais la grille était déjà poussée et tenue du pied par un civil qui doit être un employé de la mairie et qui me fit connaître que cette grille ne fermait pas. De nouveaux coups éclatant, je me réfugiai dans le cabinet des adjoints où je trouvai deux employés dont l'un est M. Palliard, secrétaire de la mairie. Des hommes armés demandaient qu'on ouvrît la grille ; M. Crozat, capitaine de place, ayant à la main deux grosses clés, vint vers eux et n'eut qu'à tirer la grille qui, comme je l'ai dit plus haut, ne fermait pas. Les couloirs furent *envahis immédiatement, les pompiers levèrent la crosse en l'air et ne tardèrent pas à s'éloigner. Je fus consigné avec M. Palliard et l'autre employé de la mairie dans la pièce qui donne sur le couloir et remis à la garde de deux hommes, avec défense expresse de sortir Un quatrième prisonnier, M. Pothel, lieutenant de la garde mobile ou de la garde mobilisée, vint nous rejoindre, traîné par des hommes qui l'avaient arrêté devant le café du Commerce sur son refus de crier :* Vive la Commune! *sur leur passage de la manufacture à l'Hôtel-de-Ville. De ces deux hommes qui nous gardaient, l'un nous fit connaître qu'il était employé des ponts-et-chaussées et qu'il avait enterré son enfant le matin ; qu'il était sous les ordres de M. Brun ; qu'il avait été requis de marcher et qu'il avait déchargé son fusil en l'air. Le second nous en dit autant, et tous deux nous dirent que puisque nous étions employés de la mairie (qualité que M. Palliard dit être la mienne), nous pourrions ne pas tarder à être laissés libres par eux-mêmes. Pendant que nous étions dans ce cabinet, le préfet était amené dans la salle du conseil municipal, tenu au bras droit par un capitaine de la garde nationale et entouré par une foule furieuse. Au premier rang, se tenait un individu de petite taille qui portait la ceinture d'éclaireur à cheval. Ce n'est que plus tard que j'ai su que ce prisonnier était le préfet. Quelques minutes après son passage et dans le couloir est, M. Camille Gérin, que je ne connaissais pas, était roué de coups et mis presque nu.*

M. Palliard me fit alors entrer dans son cabinet, dont il ouvrit la fenêtre donnant sur la rue de Paris, et nous vîmes la foule continuer sur M. Camille Gérin ses coups et ses insultes jusqu'au moment où il fut enfermé dans le poste de la garde communale. Je demandai à M. Palliard s'il connaissait l'individu ainsi martyrisé. Il me répondit, c'est M. Truvers, conseiller municipal. Au même moment, M. Pascal, accompagné d'une personne que je ne connais point, passa devant cette fenêtre et s'adressant à M. Palliard, lui dit : Vous êtes encore dedans et moi je suis dehors et je ne peux pas rentrer. *M. Palliard lui répondit :* Et nous, nous ne pouvons pas sortir. *M. Pascal s'éloigna en disant :* Bonne chance. *Croyant, d'après M. Palliard, que c'était bien M. Truvers, conseiller municipal, et non M. Camille Gérin, qui avait été ainsi frappé en présence de M. Pascal, je ne pus m'empêcher de dire à M. Palliard, en faisant allusion à la proclamation du maire, en date du matin :* En voilà encore un qui se retire sans faiblesse et qui laisse presque assassiner un de ses collègues sans lui porter secours.

Ainsi, tels étaient les hommes que le maire Boudare laissait à l'Hôtel-de-Ville et dans de telles circonstances ! Enfin, à cinq heures du soir le mouvement s'accentue, et au moment où des gardes nationaux, arrivant de la manufacture, débouchent sur la place, l'assaut est donné par les insurgés ; l'Hôtel-de-Ville est pris ; l'on s'empare de l'infortuné M. de l'Espée, et après cinq longues heures d'insultes, d'outrages, de tortures morales et physiques, il tombe fusillé, victime du devoir et de l'honneur, et les annales révolutionnaires comptent un crime de plus !

Voilà les faits, Messieurs les Jurés ! Nous avons dit et nous répétons au maire de Saint-Etienne qu'il est responsable de la mort de M. de l'Espée ! Avons-nous fait la preuve ? Oui, car, Monsieur, nous vous avons suivi pas à pas, minute par minute. Qu'on nous cite une seule circonstance, un seul moment où vous ayez cherché à protéger le préfet ! Vous ne le pouviez pas, avez-vous dit ? mais vous ne l'avez même pas tenté. Pas une fois vous n'avez essayé de renvoyer ces gardes nationaux qui affichaient impunément leurs odieux desseins ; pas une fois vous n'avez ceint votre écharpe pour rappeler à ces forcenés la loi que vous deviez représenter ; vous ne faisiez que les recevoir complaisamment ! Et cependant que de malheurs n'auriez-vous pas évités avec un peu d'énergie ! Rappelez-vous donc ces citoyens courageux qui, jusqu'au dernier instant, ont su imposer à ces misérables. M. de Bréchignac (1) fendait la foule pour serrer la main de l'infortuné M. de l'Espée dix minutes avant sa mort ; M. Potel, sommé de crier : « Vive la Commune ! » n'en criait que plus fort : « A bas la Commune ! » et les insurgés restaient immobiles devant tant de fermeté et de courage. Que n'en avez-vous fait autant ? Ah ! républicains modernes, qui avez sans cesse à la bouche les exemples de notre première Révolution, ne voulez-vous donc vous souvenir que de Danton et de Robespierre ? Souvenez-vous aussi de ces hommes qui l'immortalisèrent par leur héroïsme et leurs vertus. Quand on présentait à Boissy-d'Anglas la tête sanglante de Feraud, son courage faiblissait-il ? il la saluait, Messieurs ! Voilà les exemples que vous devriez vous proposer. C'est la passion politique, dites-vous, qui calomnie votre conduite ; mais vous-même vous vous êtes chargé de vous condamner

---

(1) Témoin cité à la requête de M. Ponet.

Ah! puisque vous avez raconté les faits de ces lugubres journées (1), montrez-nous qu'une seule fois vous avez fait une démarche auprès du préfet, que vous avez cherché à l'abriter de votre popularité et de votre influence. Le montrer vous est impossible. Que dis-je? Après vous être plaint que les journaux hostiles eussent dénaturé votre conduite, le 29 mars 1871, vous faisiez décider au conseil municipal de faire une enquête; où est-elle? elle n'a jamais paru.

Comment, d'ailleurs, auriez-vous fait respecter le préfet vivant? vous n'avez même pas su le faire respecter mort. Pendant trois jours, son cadavre a été exposé à tous les outrages de la populace, et pas une fois vous n'avez tenté d'arrêter ce scandale et cette honte. Que dis-je? On n'a même pas su respecter sa mémoire; vos témoins et vous, vous avez osé, à cette barre, dire que M. de l'Espée avait été d'avis d'un plébiscite sur la commune, et ce martyre du devoir a eu à supporter ce dernier outrage! Mais vous vous le rappelez, à Riom, M. le Procureur général vous l'a dit à vous-même : « Pas un honnête homme ne croira à vos insinuations. »

Vous devez aussi avoir encore présentes à la mémoire les sévères, mais justes appréciations de tous les honorables défenseurs du procès de Riom : sans les citer toutes, vous n'avez certes pas oublié celles de Me Goutay, cet ancien déporté du 2 Décembre et dont la conscience ne saurait dès lors vous être suspecte; il vous disait : « La municipalité a été coupable, et elle a feint une captivité qui n'avait pour objet que de dissimuler la lâcheté et la connivence. » Et ce n'est pas seulement Me Goutay qui vous a fait entendre ce langage, c'est une ville tout entière. Vous vous rappelez, Messieurs les Jurés, le récit ému du courageux M. de Roche-

---

(1) Délibération du 26 mars 1871.

taillée (1) ; vous vous souvenez de ses paroles si émouvantes et si généreuses, au sujet des obsèques de M. de l'Espée : la ville frémissante n'aurait pas consenti à ce que le maire de Saint-Etienne tînt un des cordons du poële ! arrêt terrible, mais justement sévère ; arrêt que nous vous demandons de confirmer. Vous consacrerez à M. de l'Espée la couronne du martyre et du devoir, et vous rendrez contre une autorité coupable un verdict de blâme et d'indignation !

---

(1) Témoin cité à la requête de M. Ponçet.

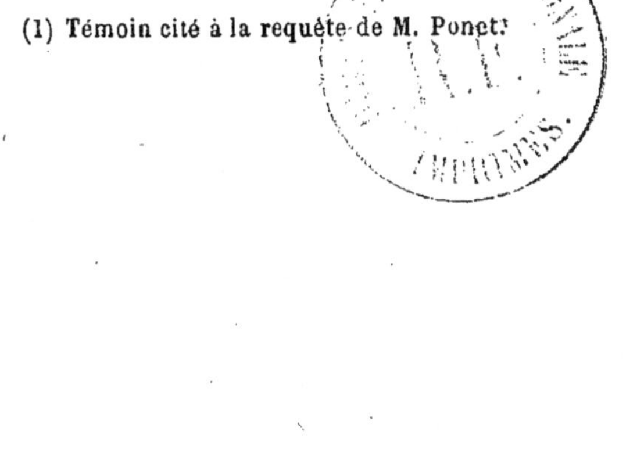

Typ. Oberthur et Fils, à Rennes. — Maison à Paris, rue des Blancs-Manteaux, 35.

BIBLIOTHEQUE NATIONA

www.ingramcontent.com/pod-product-compliance
Lightning Source LLC
Chambersburg PA
CBHW062314070726
47596CB00009B/1958